LES
ENSORCELÉS,
OU
JEANNOT ET JEANNETTE,
PARODIE;

Par Madame FAVART & Mrs. GUERIN & H...

Représentée pour la premiere fois par les Comédiens Italiens Ordinaires du Roi, le Jeudi 1 Septembre 1757.

NOUVELLE ÉDITION.

Le prix est de 30 sols avec les Airs notés.

A PARIS,
Chez N. B. DUCHESNE, Libraire, rue S. Jacques, au-dessous de la Fontaine S. Benoît, au Temple du Goût.

M. DCC. LVIII.

Avec Approbation & Privilége du Roi.

A MADAME
LA PRINCESSE DE GALITZIN.

ADAME,

Vous avez autant de droits sur les talens que sur les cœurs ; vous êtes née pour encourager les uns & pour gagner les autres : voilà l'impression que vous avez produite en France ; vous nous y avez fait connoître le plaisir si rare d'aimer ce qu'on est obligé de respecter. Je profite pour le publier de la permission que vous m'avez donnée de vous offrir l'hommage de cette petite Piece : ce n'est qu'un rien ; mais ce rien devient quelque chose pour une ame aussi belle que la vôtre, quand c'est le cœur qui le présente.

Je suis avec le plus profond respect,

MADAME,

Votre très-humble & très-obéissante
Servante, FAVART.

ACTEURS.

JEANNOT,	Mlle. CATINON.
JEANNETTE,	Madame FAVART.
Madame D'ORVILLE,	Mlle. DESGLANDS.
GUILLAUME,	M. CHANVILLE.

La Scene se passe au Château de Madame d'Orville.

LES ENSORCELÉS,

OU LA NOUVELLE

SURPRISE DE L'AMOUR.

SCENE PREMIERE.

GUILLAUME.

J'ai le cœur en joie, & ſtapendant, ma boutique n'en va pas mieux.

AIR. *Ah ! ſi t'en tât', ſi t'en goût', ſi t'en as !*

Morgué, l'Amour eſt un chien de ſorcier
Qui m'f'ra bien-tôt oublier mon métier :
Moi qu'on nommoit la fleur des Marichaux,
Pour un' Fillette, j'néglige mes ch'vaux,
Et je n'fais plus qu'm'occuper de mes maux.

Même air.

Pauvre Guillaume, en dépit de ton ſoin,
L'Amour te donne à ton tour du tintoin :
Tous tes efforts, tout ton art, tout ton tems
T'obtiendront-ils un tendron de quinze ans,
Qui n'entend rien aux tourmens que tu r'ſens !

Même air.

Ah ! ma poitreine eſt un' forge d'l'Amour,
Dont mes ſoupirs ſouflent l' feu nuit & jour ;
D'un' flâme ardente j' m'ſens embrâſer ;
Pour l'appaiſer, j' m'efforçons d'l'arroſer ;
Mais j'ons beau boire, ç'a n'fait qu'l'attiſer.

Madame d'Orville, de qui j'ai l'honneur d'être le Marichal, eſt la Maraine de Jeannette ; c'eſt elle qui baille la dot ; il faut que je li faſſe ma cour : alle vient de m'envoyer charcher ; c'eſt apparemment pour me propoſer de lui vendre ma petite jument dont elle a envie. Voilà une bonne occaſion pour li parler de Jeannette.

SCENE II.

MADAME D'ORVILLE, GUILLAUME.

Madame D'ORVILLE.

AH ! vous voilà, maitre Guillaume.

GUILLAUME.

Prêt à vous obéir, Madame. Drès que j'ons sçu que vous aviez besoin de mes services, j'ons quitté la grande cavale de Colas, le Meunier, qui a les avives, pour me rendre aux ordres de Madame.

Madame D'ORVILLE.

Je vous suis obligée de la préférence.

GUILLAUME.

Madame sçait que depuis quatre ans en ça que j'ai l'honneur de ferrer ses chevaux, je me suis toujours fait un plaisir de mettre les fers au feu pour elle.

Madame D'ORVILLE.

Maître Guillaume, on diroit que je suis de votre district.

GUILLAUME.

Oh, Madame ! on sçait bien que vous

ne vous déferrez pas si aisément. Tant y a que me v'là pour sçavoir en quoi mon petit ministere peut vous être agriable.

Madame D'ORVILLE.

Oh, çà, maître Guillaume : on dit que vous avez de la conscience.

GUILLAUME.

Je m'en pique autant que d'habileté dans ma profession, & sans vanité, je ne fais pas mal mes affaires.

Air. *De Grimaudin.*

Guillaume dans le voisinage
N a point d'égal,
Je suis de tout notre village
Le Marichal ;
Mais ma science & mes travaux,
Ne s'bornont pas à des chevaux.

Madame D'ORVILLE.

Je le crois.

GUILLAUME.

Même air.

Du Baume unique de Simone,
J'ai le secret ;
Chacun en veut, & l'on s'étonne
De son effet.
Avec quatre mots de Latin,
Je pourrions être Médecin.

Madame D'ORVILLE.

Oui, vous êtes un homme merveilleux ; mais il ne s'agit point ici de votre ſcience. J'ai un marché à vous propoſer.

GUILLAUME.

Et moi itou, Madame.

Madame DORVILLE.

Vous avez une petite Jument....

GUILLAUME.

Vous avez une petite Filleule....

Madame D'ORVILLE.

Qui me plaît beaucoup.

GUILLAUME.

Et à moi itou, Madame.

Madame D'ORVILLE.

Il faut avouer que c'eſt la plus jolie petite bête....

GUILLAUME.

Oh ! Madame, alle n'eſt pas ſi bête, elle n'a que d'l'innocence ; mais quand je l'aurons dreſſée, avec votre bon plaiſir, il n'y aura pas de femme ni de fille dans le village qui la vaudra, je m'en vante.

Madame D'ORVILLE.

Eſt-ce que la tête vous tourne ! De qui parlez-vous ?

GUILLAUME.

Eh! Pargué, de Jeannette.

Madame D'ORVILLE.

Je vous parle, moi, de votre petite Jument qu'il faut me vendre.

GUILLAUME.

Air. *Belle Iris, vous avez deux pommes.*

Hé ! bian, c'eſt une affaire faite,
Et j'allons terminer en bloc :
Alle eſt à vous ; j'demande en troc,
Que vous m'bailliez la p'tit' Jeannette.
J'entends Jeannette avec ſa dot.

Madame D'ORVILLE.

Vous n'auriez pas un mauvais lot.

GUILLAUME.

Dame, Madame, quoique Jeannette ſoit bien gentille, une bonne dot embellit encor bièn un viſage.

Madame D'ORVILLE.

Vous êtes un Parti très-convenable pour elle ; mais je ne veux point gêner l'inclination de Jeannette, & je me ſuis apperçue qu'elle en avoit pour Jeannot, le Fils de mon Fermier.

GUILLAUME.

Bon, Madame ! ce ſont des enfans qui ne ſçavent pas encore ce qu'ils reſſentont l'un pour l'autre. Ils ſont venus ſéparément pour me conſulter là-deſſus.

Air. *L'autre jour me promenant.*

Tous les deux, fort désolés,
M'avont conté leur souffrance ;
Ces pauvres cervaux troublés
Se croyont ensorcelés.
Ils vont r'venir à l'instant
Pour me d'mander queuqu'allégeance,
Et j'en profit'rons d'autant.

Madame D'ORVILLE ET GUILLAUME.

Ah ! ah ! ah ! rien n'est si plaisant.

Madame D'ORVILLE.

Que leur direz-vous ?

GUILLAUME.

Que leur maladie deviendra mortelle, s'ils ne s'absentiennent de se voir.

Madame D'ORVILLE.

Pour ces sortes de maux-là, M. Guillaume, je crois que les remedes sont plus efficaces que le régime.

GUILLAUME.

Quoi qu'il en soit, si Madame le permet, j'entreprendrai Jeannette.

Madame D'ORVILLE.

Volontiers, & moi, je me charge du soin de guerir Jeannot.

GUILLAUME.

C'eſt bian dit, il eſt juſte qu'une Dame de Paroiſſe faſſe du bian dans ſon village.

Madame D'ORVILLE.

Mon cœur s'intéreſſe à ce jeune homme, & s'il répond à mes intentions, je ferai ſon établiſſement.

Air. *Je n'ai ſçus jamais ben chanter :* De l'Impromptu du cœur.

J'ai de le voir un déſir preſſant ;
C'eſt un ſujet fort intéreſſant,
Lors qu'à ſon âge un cœur innocent
Sent
Un amour naiſſant.
On eſt d'un feu ſi pur
Sûr.
Ces étourdis actifs,
Vifs,
Sont ſouvent des galans
L nts,
Qui n'ont aucuns talens.

Monſieur Guillaume, voyez Jeannot ; vous me rendrez compte de ce qu'il vous aura dit ; je vous attends chez moi.

(*Elle ſort*).

GUILLAUME.

Oui, Madame.

SCENE III.

GUILLAUME.

MADAME d'Orville & moi nous voilà donc Médecins d'Amour. Je pense à dire vrai, que ses ordonnances seront plus fortes que les miennes ; c'est pas que je ne sçache ce qui convient aux femelles.

Air. *V'la l'plaisir des Dames.*

Toujours danser,
Se trémousser,
V'là l'plaisir des filles.
Des violons,
Et des chansons,
Propos joyeux,
Et petits jeux,
Bouquets, ribans, & des garçons bons drilles;
V'là l'desir
Des Filles,
V'là l'plaisir.

J'apperçois Jeannot ; voyons en quel état est son cœur.

SCENE IV.

JEANNOT, GUILLAUME.

JEANNOT.

Air. *Romance de Daphné.*

HÉLAS, nuit & jour j'soupire,
Dans mon cœur y a d'l'embarras;
Il brûle, il bat, & c'qu'eſt de pire,
Quand j' m'en plains on s'met à rire.
Eſt-c' donc un mal qu'on n' dit pas?

Ah! c'eſt vous que je charche, maître Guillaume.

GUILLAUME.

Hé bian, mon pauv' Jeannot, comment va la ſanté?

JEANNOT.

Hem! Fort mal, Monſieur Guillaume. Je n' mange plus, je n' dors plus.

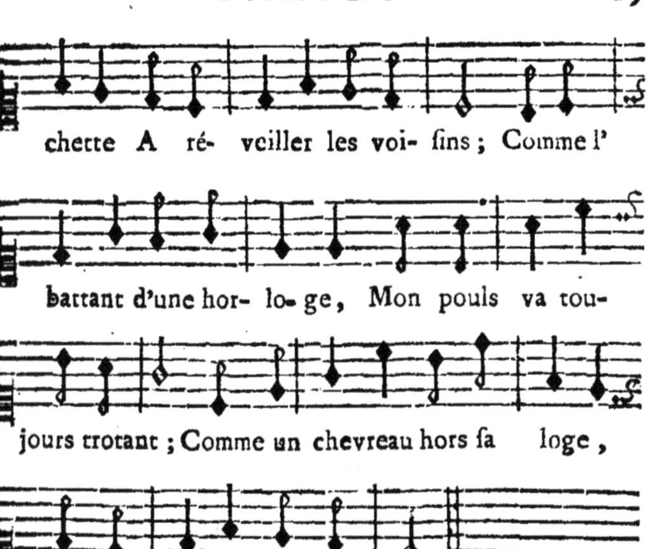

GUILLAUME.

Que je te plains !

JEANNOT.

Même air.

Je ſens, quand j'voyons Jeannette,
Du plaiſir & du chagrin ;
Je n'ſçais pas ce que j'ſouhaitte,
Et le deſir va ſon train :
Quand al' me r'garde, je grille,
C'a m' fait pardre la raiſon.
Les yeux tant doux d'une Fille,
Avont-ils queuque poiſon ?

GUILLAUME.

Pauv' malheureux !

JEANNOT.

Même air.

Je bûvons de belle iau claire,
Pour appaiser ce grand feu ;
J'nous jettons dans la riviere,
Et j'n'y restons pas pour peu :
Je mettons dans not' salade
Des herb's de toutes façons ;
Et j' n'en suis pas moins malade ;
Ces r'med'-là sont pourtant bons.

GUILLAUME.

Voilà un tarrible sort qu'on t'a jetté là, mon Enfant.

JEANNOT.

Et vous croyez qu' ça vient de Jeannette ?

GUILLAUME.

Sans doute.

JEANNOT.

Mais alle est bien jeune pour sçavoir jetter des sorts.

GUILLAUME.

Ne sçais-tu pas que la science viant d'bonne heure aux Filles ?

JEANNOT.

JEANNOT.

Mais alle a l'air si simple.

GUILLAUME.

Ne sçais-tu pas que les Filles cachont leux science ?

JEANNOT.

Mais je n'y ai rien fait à Jeannette.

GUILLAUME.

C'est à cause de ça.

JEANNOT.

Pourquoi donc m'auroit-elle jetté un sort ?

GUILLAUME.

Pour son plaisir.

JEANNOT.

Qu'est-ce qui lui en reviendra ?

GUILLAUME.

Pas grand'chose, du caractere dont je te connois.

JEANNOT.

Voyez ! qu'est-ce qui diroit ça de Jeannette ?

GUILLAUME.

Toutes les Filles sont d'même : ces petites sorcieres-là ne cherchont qu'à faire enrager les garçons.

JEANNOT.

Alles avont pourtant l'air ſi doux, ſi avenant!

GUILLAUME.

Tu n'as qu'à t'y fier.

JEANNOT.

Alles avont tant de charmes!

GUILLAUME.

C'eſt avec des charmes qu'on baille des ſorts.

JEANNOT.

Comment, Monſieur Guillaume, toutes ces petites gentilleſſes qui ſont venues à Jeannette depuis queuque temps....

GUILLAUME.

Sont des charmes diaboliques.

JEANNOT.

Ah! vous avez raiſon; car quand je regarde ça, je ſuis tout partroublé.

GUILLAUME.

Air. *Adieu, ma chere Maîtreſſe.*

Tian, ſi tu la r'garde encore,
Te v'là perdu ſans eſpoir.
Pour guarir l'mal qui t'dévore,
J't'avions défendu d'la voir.

JEANNOT.

Même air.

Ah ! Guillaum' votre recette,
Ne m'eſt pas d'un grand ſecours :
J'ons biau n' pas r'garder Jeannette ;
Hélas ! je la voyons toujours.

GUILLAUME.

HÉ ! bian, pau- vre fou , Vois- la tout ton
ſaoul , Sois comme un ma-tou Qui court le guil-
dou , Ou comme un hibou , Gémis dans ton

trou. AH ! je friſ- ſonne. JE t'abandonne : Tu

prendras la forme d'un loup-garou , Et le diable a-

près te tordra le cou.

JEANNOT.

Miséricorde ! je ne veux plus voir Jeannette.

GUILLAUME.

C'est le bon parti.

JEANNOT.

Mais ses charmes m'attireront encore maugré moi ; vous sçavez qu'un sorcilége est pus fort que nous ; si j'mettions du sel sur moi, Monsieur Guillaume ?

GUILLAUME.

Tu ne ferois pas mal.

JEANNOT.

A propos de ça : j'ai entendu dire qu'on pouvoit renvoyer un sort sur celui qui l'a jetté.

GUILLAUME.

Cela se peut.

JEANNOT.

Apprenez-moi donc à renvoyer un sort, Monsieur Guillaume.

GUILLAUME.

Voilà ce qu'il faut faire : Tu t'enfermeras chez toi pendant quinze jours.

JEANNOT.

Tout seul ?

GUILLAUME.

Tout ſeul.

JEANNOT.

Sans voir Jeannette ?

GUILLAUME.

Sans voir Jeannette.

JEANNOT,

Oh ! je n'irai pas juſqu'à la quinzaine ; Monſieur Guillaume, je mourrai.

GUILLAUME.

Oh ! que non. Enſuite tu mettras ſous ta cheminée un cœur de Touterelle que tu larderas d'éguilles.

JEANNOT.

Oh ! je ne veux point. Ça f'roit mourir Jeannette. Donnez-moi d'autres ſecrets.

GUILLAUME.

Hé ! bien, ſi all' t'attire encor par ſes charmes, tu n'as qu'à lui tourner le dos en diſant : *Abracadabra.*

JEANNOT.

Abracadabra?

GUILLAUME.

Oui, & tu t'enfuiras.

JEANNOT.

Et je ſerai guéri ?

GUILLAUME.

Pas tout-à-fait ; mais tu iras trouver Madame d'Orville qui achevera ta guériſon.

JEANNOT.

Air. *Quand le péril eſt agréable.*

Que me f'ra Madame d'Orville ?

GUILLAUME.

Al' te baillera des leçons ;
Pour ôter le ſort aux garçons,
C'eſt une femme habile.

JEANNETTE *dans la couliſſe.*

Petit, petit, petit.

JEANNOT.

Ah ! M. Guillaume, v'là Jeannette qui donne à manger à ſes petits poulets.

GUILLAUME.

Va-t'en.

JEANNETTE *dans la couliſſe.*

Petit, petit, petit.

JEANNOT.

Ah ! Monſieur Guillaume, que ne ſuis-je un petit poulet !

GUILLAUME.

Tu fais de biaux ſouhaits ! c'eſt pour leux couper le cou, que Jeannette les engraiſſe & les careſſe. Prens la fuite avant qu'elle te voye.

JEANNOT.

Mais, Monſieur Guillaume.

GUILLAUME.

Veux-tu t'en aller. Te voilà déjà tout pâle.

JEANNOT.

Oui ! Monſieur Guillaume. *Abracadabra.*

SCENE V.

GUILLAUME, JEANNETTE.

GUILLAUME.

AH, ah, ah, le pauvre innocent ! v'là qui tourne bien pour moi.

JEANNETTE.

Monſieur Guillaume, n'ai-je pas vû Jeannot avec vous ? Ce garçon-là me fait une peur terrible.

GUILLAUME.

Eh ! c'eſt à cauſe de ça que vous venez le chercher ?

JEANNETTE.

Dam' c'eſt pus fort que moi. J'ai toujours envie d'être avec lui. Mes Compagnes diſont que c'eſt l'tourment d'amour.

GUILLAUME.

Oui, c'eſt une maladie bian dangereuſe pour les Filles.

JEANNETTE.

JEannette, hé- las! n'fait plus qu'lan-
guir, Si ce- la dure, il faut mourir. Jeannette, hé- las! n'fait plus qu'languir, Jeannette, hé- las! n'fait plus qu'languir, n'fait plus qu'languir, Si ce- la dure, il
faut mou- rir, Si ce- la dure, il
faut mou- rir. A chaque in- stant

GUILLAUME.
mon tròuble augmente. JE n'avois pas tort,
Jeannette Guillaume. Jeannette.
C'eſt un ſort. Ceſt un ſort! C'eſt un ſort. C'eſt un
Guillaume. Jeannette.
ſort! C'eſt un ſort. C'eſt un ſort! C'eſt un ſort.
Guillaume. Jeannette.
Je n'avois pas tort, C'eſt un ſort. C'eſt un ſort!
Guillaume. Jeannette.
C'eſt un ſort, C'eſt un ſort, OUi, c'eſt un
ſort qui me tour- men- te. Jean-
nette, hé- las! n'fait plus qu'lan- guir,

Si cela dure, il faut mou- rir, Si cela

dure, il faut mou- rir.

GUILLAUME.

Tatigué, que ce f'roit bian dommage! ça me fait peine de vous voir comme ça. Baillez-moi votre pouls.

GUILLAUME.
JEANNETTE.
ET ce mal commen- ça ? LA, là.
Daignais me di- re Un r'mede à ça.
GUILLAUME.
JEu- net-te Jean- nette, Pe- ti- te bru-
nette, J'trouvrons ai- sément, Votr' sou-lage-
ment. Jeu- nette Jean- nette, Pe- tite bru-
nette, La bonne re- cet-te, C'est
un bon a- mant.

JEANNETTE.

Un Amant! Queuqu'c'eſt qu'ça, Monſieur Guillaume ?

GUILLAUME.

Un Amant, c'eſt comme qui diroit un amoureux. Moi, par exemple.

JEANNETTE.

Oh ! vous n'êtes pas un amoureux, vous.

GUILLAUME.

Pourquoi non ?

JEANNETTE.

C'eſt qu'on dit que ce ſont les Amoureux qui baillent des ſorts, & vous n'êtes pas aſſez méchant pour être ſorcier.

GUILLAUME.

Il y a des Amoureux qui baillent des ſorts, & d'autres qui les guériſſent ; les uns rendont les Filles triſtes, & les autres les rendent gaillardes. Moi, je ſuis de ceux qui les font rire.

JEANNETTE.

Ah ! Monſieur Guillaume, vous ne pourrez jamais me faire rire, tant que j'penſerons à Jeannot.

GUILLAUME.

Pour vous en deshabituer, il faudra toujours être avec moi.

JEANNETTE.

Ça n'y f'roit rian, Monsieur Guillaume.

GUILLAUME.

Est-ce que vous ennuyez avec moi ?

JEANNETTE.

Non pas à présent, nous parlons de Jeannot.

GUILLAUME.

Eh ! morgué, laissez-là vot' Jeannot ; parlons de moi, ça vaut mieux.

Air. *Je n'irai plus à l'école.*

Vien, Jeannete,
Sur l'herbette,
Nous joûrons à mille petits jeux ;
Tian, Guillaume
Est un homme
Qui rendra tous tes momens heureux.
A ton âge
Quel dommage
De céder aux soucis ennuyeux !
Bannis la mélancolie,
Le plaisir rend plus jolie,
Essaye un peu de folie,
Et tu t'en trouveras beaucoup mieux.

JEANNETTE.

Oh ! laissez-moi, je n'ai pas l'cœur à la danse.

SCENE VI.

MADAME D'ORVILLE, GUILLAUME, JEANNETTE.

Madame D'ORVILLE.

MAITRE Guillaume, avez-vous parlé à Jeannot ?

GUILLAUME.

Oui, Madame ; il eſt toujours occupé de ſa ſorcellerie, ainſi que Jeannette.

Madame D'ORVILLE.

Hé ! bien, ma petite, qu'eſt-ce que c'eſt? On dit qu'il t'a enſorcelée, ce méchant Jeannot.

JEANNETTE.

Oui, ma Maraine.

Madame D'ORVILLE.

Comment cela eſt-il donc arrivé ?

JEANNETTE.

Ce fut tout dretement depis la Fête du Village. Jeannot m'aportit une petite corbeille garnie de ribans avec un bouquet.

GUILLAUME.

Un bouquet !.... juſtement.

JEANNETTE.

Ma Maraine, il voulit me l'attacher li même à mon côté; je l'laiſſai faire ſans penſer à mal.

Air. *Les Fleurettes.*

Dans mon corſet i' l'place;
Mais drés qui m'touche, hélas!
Je ſens eun' flâme, eun' glace,
Un trouble, un embarras.

Madame D'ORVILLE.

Ainſi l'on prend les Fillettes.

JEANNETTE.

J'en perds la tête à l'inſtant.

GUILLAUME.

On enſorcelle ſouvent
Par les Fleurettes.

JEANNETTE.

J'ons encor ce bouquet-là, ma Maraine, j'vous le ferai voir. Je crois que le ſort eſt toujours dedans; car quand je le vois, je ſoupire.

Madame D'ORVILLE.

Défaites-vous de cela bien vîte, petite Fille.

GUILLAUME.

Je l' condamnons au feu.

JEANNETTE.

Ce n'eſt pas tout: en m'donnant un bouquet, pour achever de m'enſorceler, il m'a donné encor un baiſer.

Madame D'ORVILLE.

Un baiser!

JEANNETTE.

Oui, ma Maraine, je n'me défiois de rian, moi.

GUILLAUME.

Ce Jeannot est un petit drôle bien dangereux.

JEANNETTE.

Depuis ce tems-là...

Madame D'ORVILLE.

Depuis ce tems-là....

JEANNETTE.

DÊs que je vois passer Jean- not, Tout

aussi- tôt j'mar- rê- te; Quoique Jean-

not ne dise mot, Près d'lui cha- cun m'paroît

bê- te. Quand il me r'garde, il m'inter- dit,

J'deviens

Madame D'ORVILLE.

Air. *C'est la Fille à ma Tante.*

Eh, comment donc, bian aise !

GUILLAUME.

Mais, vous n'y pensez pas.

JEANNETTE.

Dam', ne vous en déplaise,
Quand Jeannot suit mes pas. . .

Madame D'ORVILLE.

Vous en êtes contente ?

JEANNETTE.

Ça n' m'empêch' pas d' souffrir ;
Mais quoique ç' mal tourmente,
Ça fait toujours plaisir.

Madame D'ORVILLE.

Air. *C'est bien la faute du Guet.*

Plaisir !

GUILLAUME.

Plaisir !

JEANNETTE.

En un mot,
D'où viant qu'mon cœur saute ?

GUILLAUME.

C'est un charme de Jeannot.

JEANNETTE.

Ce n'est pas ma faute.

GUILLAUME.

Pour li vot' cœur va le trot.

Madame D'ORVILLE.

Vous brûlez pour ce Marmot.

JEANNETTE.

C'est la faute de Jeannot,
Ce n'est pas ma faute.

Madame D'ORVILLE.

Il faut vous venger de lui, ma Filleule.

JEANNETTE.

Je n' sçaurions, ma Maraine ; plus il m' fait de peine, moins j'ons de rancune ; tout ce que je crains, c'est qu'il ne me fasse encore queuque sorcellerie.

Madame D'ORVILLE.

Pour éviter ce malheur, il faut rompre tout commerce avec lui.

GUILLAUME.

C'est mon avis.

Madame D'ORVILLE.

Il faut lui renvoyer tous les présens qu'il vous a faits.

GUILLAUME.

Oui, tout ce qu'il baille est ensorcelé.

JEANNETTE.

Air. *Baise-moi donc, me disoit Blaise.*

Je ferai ce qu'on me conseille :
Je lui rendrai ses ribans, sa corbeille,
Et son bouquet, quoique fané.

GUILLAUME.

Fort bien.

Madame D'ORVILLE.

Je vous le recommande.

JEANNETTE.

Mais le baiser qu'il m'a donné,
Faudra-t'il aussi que j' l'lui rende ?

GUILLAUME.

Non, non, c'est à moi à qui vous le rendrez.

JEANNETTE.

Oh! Monsieur Guillaume, il appartient à Jeannot; faut d' la conscience.

Madame D'ORVILLE.

Monsieur le Maréchal, voilà un sort qui me paroît difficile à lever.

GUILLAUME.

C'est vrai, Madame; mais i' n'faut désespérer de rian.

Madame D'ORVILLE.

Allez donc chercher Jeannot & me l'envoyez, afin qu'il me consulte à mon tour.

GUILLAUME.

Oui, Madame.

Il sort.

SCENE XVII.

MADAME D'ORVILLE, JEANNETTE.

Madame D'ORVILLE.

ET vous, Jeannette, je vous défends de songer à lui, & d'écouter ce qu'il vous dira.

traits. He- las ! par inno- cence, Vous pour-

riez , ſans y ſon- ger , Vous engager : Par

mon experi- ence, J'en connois le dan- ger.

Adieu , mon Enfant , allez-vous divertir avec vos petites Compagnes , & n'ayez plus aucun ſouci.

SCENE VIII.

JENNETTE.

OH ! divertiſſez-vous : c'eſt bien aiſé à dire.

petits jeux, La climu- sette, M'rendoit
l'cœur joy- eux. Mon es- prit charche &
tra- vaille, Et je bâil-le, Oh! dam'
moi, Je n'sçais pourquoi. Queuqu'part qu'j'aille, L'ennui Me suit au- jourd'hui. Quand on
est grande, Si les p'tits jeux Sont ennuyeux,
Je me de- mande Ç'qu'il faut fair' de

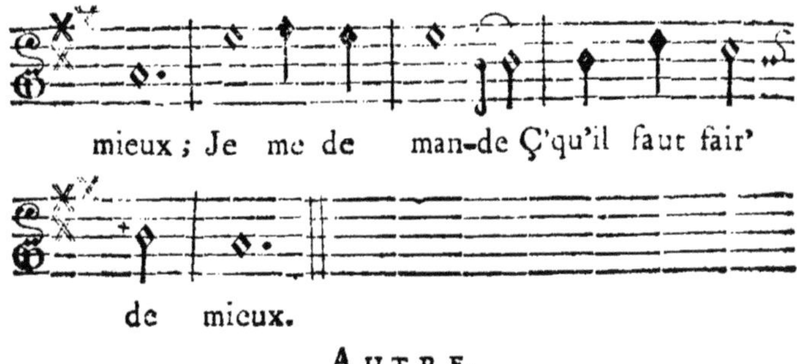
mieux ; Je me de man-de Ç'qu'il faut fair'
de mieux.

AUTRE.

L'A- louette Guille- rette , Chante

tout le jour : L'moineau qui vous la guette ,

Vol- tige à l'entour ; Le cocq , près d'sa pou-

lette , V'a s'ragail- lardir , El- le fait co ,co-

dette , Et c'est de plai-sir ; Nos pi- geons ,

s'é- battons, Roucoulons, Et s'bectons; Not' trou-

peau sur l'herbette, Tou- jours jou-ant, sau-

tant, A l'air con- tent, A l'air con-tent, Et

n'y a qu'la pauv' Jeannet-te Qui, bien loin d'en

faire autant, N'a qu'du tourment, N'a qu'du tour-

ment, Et n'y a qu'la pauv' Jean-net-te

J'apperçois Jeannot, v'là l'émotion qui me r'prend. Obéiſſons à ma Maraine : il faut rompre tout commerce avec lui, & pour commencer, j'allons charcher les préſens qu'il m'a faits, pour les lui rendre.

SCENE IX.

JEANNOT.

MORGUÉ! tatigué! je n'ſçaurois durer davantage com'ça, il faut qu'ça finiſſe. J'voulons voir Jeannette pour la derniere fois, & ſi alle ne veut pas m'rendre ma liberté, à préſent que je ſçais repouſſer un ſort, nous varrons beau jeu. La voilà, je ſuis dejà tout tremblant. Allons, Jeannot, de la fermeté.

SCENE X.

JEANNOT, JEANNETTE *avec un panier où il y a des rubans & un bouquet.*

JEANNETTE.

AH ! je ſuis bian aiſe de vous trouver, Monſieur Jeannot.

JEANNOT.

Hé ! bien... & moi itou, Mademoiſelle Jeannette. Courage.

JEANNETTE.

J'voudrois bien ſçavoir, Monſieur Jeannot pourquoi vous me traitez de la magniere que vous faites ?

JEANNOT.

J'voudrois bian ſçavoir, Mademoiſelle Jeannette, d'où viant qu'vous me choiſiſſez pour le ſujet d'vot'malice ?

JEANNETTE.

Moi d'la malice ?

JEANNOT.

Pargué ! qui de nous deux a jetté un ſort à l'autre ?

JEANNETTE.

Tu le ſçais bian, méchant, c'eſt toi.

JEANNOT.

C'eſt bian toi-même.

Air. *Dans le fond d'une Ecurie.*

Tous les jours tu m'enſorcelle,
Par tes charmes, par tes ſoins.

JEANNETTE.

Oh! j'ai plus de cent témoins
Que c'eſt toi....

JEANNOT.

C'eſt toi, Cruelle.

JEANNETTE.

Ça, Jeannot, en bonne foi...

JEANNOT.

Qu'eſt-ç' qui m' trouble la çarvelle?
Ça, Jeannette, en bonne foi,
Diras-tu que ç' n'eſt pas toi?

JEANNETTE.

Air. *Je m'en vais à la riviere.*

Souvians-toi d'un jour de Fête,
Que tu m'donnis un bouquet;
M'l'attachant d'un air honnête,
M'embraſſant quand ça fut fait.
Ça, Jeannot, en bonne foi,
Qu'eſt ç' qui m' fait tourner la tête?
Ça, Jeannot, en bonne foi,
Diras-tu que ç' n'eſt pas toi?

JEANNOT.

Air. *Dans le fond d'une Ecurie.*

Dis-moi quel pouvoir m'attire
Dès l'Aurore ſur tes pas?
Je m'déplais où tu n'es pas,
Je languis & je ſoupire.
Ça, Jeannette, en bonne foi,
Qu'eſt-ç'qui cauſe mon martyre?
Ça, Jeannette, &c.

JEANNETTE.

Air. *Je m'en vais à la riviere.*

La nuit pour peu que j'sommeille,
Dans mes rêves je te vois;
En surſaut j' prête l'oreille,
Croyant entendre ta voix.
Ça, Jeannot, en bonne foi.
Si matin qu'eſt-ç' qui m'éveille?
Ça, Jeannot, &c.

JEANNOT.

Air. *Dans le fond d'nne Ecurie.*

D' ma volonté tu diſpoſe,
Je n' ſuis pus maître de moi;
Tout c' que tu m' dis eſt un' loi,
Tout c' que tu fais m'en impoſe.
Ça, Jeannette, en bonne foi,
De tout ça qu'eſt-ç' qu'eſt la cauſe?
Ça, Jeannette, &c.

JEANNETTE.

Air. *Je m'en vais à la riviere.*

Ce n'eſt qu'avec moi qu' tu cauſe,
Et tu m' baille des préſens,
A moi ſeul' tu donne queuqu' choſe:
Tian, n' v'là-t-il pas tes ribans?
Ça, Jeannot, en bonne foi,
D' mon tourment quelle eſt la cauſe?
Ça, Jeannot, en bonnne foi,
Diras-tu que ç' n'eſt pas toi?

JEANNOT.

JEANNOT.

Tu n'veux donc pas avoir pitié de Jeannot ?

JEANNETTE.

Tu n'veux donc pas avoir pitié de Jeannette ?

Air. *L'Allemande Suisse.*

V'là qu'est fini,
Tu s'ras puni
Du sorcilége
Qui m'tendoit un piége.

JEANNOT.

Allons au fait :
Je n't'ay rien fait.

JEANNETTE.

Va, va, je sçais de bout en bout,
Tout.

JEANNOT.

Tu m'perçois le cœur
En douceur,
Queu noirceur ! *(à part.)*
Une couleuvre est moins cruelle
Qu'elle.
(à Jeannette.)
Moi qui t'aimois,
T'estimois,
Plus qu' j'amais....
Hélas ! je m'croyois près de toi,
Roi.

JEANNETTE.

Quand j'te voyois,
J'te croyois
Avec moi
D'si bonn'foi !
J'étois du soin qui t'occupe
Dupe.
Rompons tous deux.

JEANNOT.

Je le veux ;
Tiens, Jeannot,
Sans dir' mot,
S'enfuira s'il t'apperçoit.

JEANNETTE.

Soit.
J' n'écout'rons plus ton caquet.

(Elle jette à Jeannot le bouquet, les rubans & le panier.)

V'là ton bouquet,
Ton paquet
D'ribans ;
J'envoy' tout au Barniquet,
V'là tes présens
Que j'te rends,
Prends.

JEANNOT, *s'éloignant tout épouvanté.*

Je s'rois niais
Si j'y touchois ;
L'y a d' l'artifice,
Du maléfice,
Et tu fais
Ça tout exprès ;
Sur d'autres jette tes sorts,
Sors.

JEANNETTE.

Sors toi-même, je suis chez ma Maraine.

JEANNOT.

Hé! bian, c'est ta Maraine qui m'a envoyé chercher pour me guérir.

JEANNETTE.

Pour te guerir ?

JEANNOT.

Ça te fache ? Oui, pour me guerir, & pour m'empêcher de t'aimer encor.

JEANNETTE.

Eh ! si tu m'aimes, mon cher Jeannot....

JEANNOT

Mon cher Jeannot ! Ah ! la traîtresse ! v'là ma fiévre qui augmente.

JEANNETTE.

Qu'est-ce que tu y gagneras quand j's'rons morte ?

JEANNOT.

Air. *Mam'sel' Javot'.*

Mam'sel' Jeannett' finissez donc ;
Car ça m'trouble,
Car ça r'double.

JEANNOT ET JEANNETTE.

Mam'sel' Jeannett', } finissez donc ;
Monsieur Jeannot, }
Car ça m'trouble la raison. (*fin.*)

JEANNETTE.

Eh ! qu't'a fait c'te pauv' Jeannette ?

JEANNOT.

Eh! qu' t'a fait ce pauv' garçon ?

JEANNETTE.

Moi qui t'caressois.

JEANNOT.

JEANNOT.

Moi qui t'chérissois.

JEANNETTE.

Agit-on
De cette façon ?

JEANNOT ET JEANNETTE.

Mam'sel' Jeannet', } finissez donc,
Monsieur Jeannot, }
Car ça m'trouble la raison (*fin.*)

JEANNOT.

Je n'en puis plus.

JEANNETTE.

J'étouffe.

JEANNOT.

Tiens, Jeannette, prends garde à toi : tu ne sçais pas que j'avons itou le pouvoir de la sorcellerie.

JEANNETTE.

Je ne le sçais que trop.

JEANNOT.

Hé ! bien, rends-moi mon repos de bonne grace.

JEANNETTE.

Rends-moi le mien.

JEANNOT.

Ah ! tu veux donc toujours te gobarger de moi ? Morgué, c'en est trop : r'poussons l'sort, tornons lui l'dos. *Abracadabra* ;

JEANNETTE.

Ah ! le voilà qui dit des paroles.

JEANNOT.

Oh ! ç'n'eſt pas l'tout : j'avons un cœur de tourterelle.

JEANNETTE.

Ah ! le malheureux !

JEANNOT.

Avec des éguilles.

JEANNETTE.

Au ſecours, ma Maraine, au ſecours.

JEANNOT.

Abracadabra.

JEANNETTE.

Ecoute, Jeannot.

JEANNOT.

Ne m'approche pas.

JEANNETTE.

J'allons nous plaindre au Procureux Fiſcal de tes méchancetés.

JEANNOT.

J'frons itou not' plainte

SCENE XI.

MADAME D'ORVILLE, JEANNOT, JEANNETTE.

Madame D'ORVILLE.

QUEST-CE qu'il y a donc, mes enfans ? Vous êtes en querelle !

JEANNETTE.

Ma Maraine, c'est Jeannot qui n'cesse de m'tourmenter avec sa sorcellerie. Je vians d'lui rendre tous ses présens & l'sort ne se passe pas ; j'ai toujours du plaisir à voir Jeannot.

Madame D'ORVILLE.

Et vous, Jeannot ?

JEANNOT.

Et moi aussi, Madame ; car c'est elle qui est une enchanteuse.

JEANNETTE.

Tais-toi méchant, je suis dans une colere .... dans une agitation.... Oh ! j'te battrois de bon cœur, si j'n'avois pas peur de t'faire du mal.

Madame D'ORVILLE.

Modérez-vous, Jeannette ; vous, Jeannot, dites moi....

JEANNOT.

Ah ! Madame, je ne peux rian dire ; je n'peux pas parler....

Madame D'ORVILLE.

Pourquoi ?

JEANNOT.

C'eſt que Jeannette eſt toujours-là. Fi, n'eſt-elle pas honteuſe d'être jolie com'-ça pour le tourment du pauvre monde.

Madame D'ORVILLE.

Retirez-vous, Jeannette.

JEANNETTE.

Je n'ſçaurois, ma Maraine, Jeannot m'en empêche ; dites-lui qu'il s'en aille le premier.

Madame D'ORVILLE.

Que de raiſons ! obéïſſez.

JEANNETTE.

Oh ! le vilain Jeannot !

Madame D'ORVILLE.

Encore !

SCENE XII.

MADAME D'ORVILLE, JEANNOT.

JEANNOT.

NE la grondez pas, Madame.

Madame D'ORVILLE.

Tu es bien bon de me parler pour elle.

(*A part, en regardant Jeannot.*)

La jolie taille !

JEANNOT.

Oui, je n'le devrois pas après ce qu'elle m'a fait ; car c'est bien vrai qu'elle m'a jetté un sort.

Madame D'ORVILLE.

Air : *Attendez-moi sous l'orme.*

Oui, oui, j'en sçais l'histoire,
Ce fut par un baiser.

JEANNOT.

Quelle malice noire !
M'y devois-je exposer ?
Mais est-ce que ça s'devine !
Ce baiser plein d'douceur,
Hélas ! fut une épine
Qui me perça le cœur.

Madame D'ORVILLE *à part.*

Les beaux cheveux !

JEANNOT.

Air : *Ma Mere a du pouvoir beaucoup.*

Pour à ç'al fin d'chasser mon mal,
J'ons consulté Guillaume l'Maréchal.

Madame D'ORVILLE.

Il faut qu'un autre y remédie,
Il n'entend pas ta maladie.

JEANNOT.

Guillaume est pourtant bien sçavant, Madame ; car vous vous souvenez bian que l'an passé tous les animaux de not' farme crevions d'un maléfice qu'un envieux leux avoit jetté. Guillaume les a sauvés, & m'est avis que puisqu'il a bien gueri not' bétet, il me guerira bien itou.

Madame D'ORVILLE.

Va, j'en sçais là-dessus plus que Maître Guillaume.

JEANNOT.

Comment, ces chevreaux, ces moutons ? ....

Madame D'ORVILLE.

Bondiſſent d'amour.

JEANNOT.

Ces oiſeaux ? ....

Madame D'ORVILLE.

Gémiſſent d'amour. Tout dans l'univers eſt ſujet au tourment d'amour.

JEANNOT.

Et comment ſe guériſſent-ils ?

Madame D'ORVILLE.

Tout naturellement.

Air : *Sans le ſçavoir.*

Ce que ton cœur ſent pour Jeannette
Eſt une influence ſecrette.

JEANNOT.

J'avons peine à vous concevoir.

Madame D'ORVILLE.

C'eſt une pente naturelle,
Rien ne réſiſte à ſon pouvoir ;
Enfin l'un & l'autre on s'enſorcelle,
Sans le ſçavoir.

Tu m'as déjà enſorcelée plus d'à moitié, mon cher Jeannot.

JEANNOT.

Moi, Madame !

Madame D'ORVILLE.

Toi-même ; mais cela ne m'inquiette pas.

JEANNOT.

Ce n'eſt donc pas la faute de Jeannette ſi....

Madame D'ORVILLE.

Pas plus que la tienne.

JEANNOT.

Je vais au plus vîte lui demander pardon de ce que j'lui ai dit.

Madame D'ORVILLE.

Ne t'expoſe pas d'avantage à la voir, reſte avec moi.

Air : *Ah ! Nicolas, ſois-moi fidele.*

Tout autant qu'elle j'ai des charmes.

JEANNOT.

Quoi ! vous avez des charm' auſſi !
I' n'fait pas bon pour nous ici :
Adieu.

Madame D'ORVILLE.

D'où naiſſent tes allarmes ?

JEANNOT.

C'eſt qu'mon tourment d'viendroit plus fort ;
C'eſt bian aſſez pour moi d'un ſort.

Madame D'ORVILLE.

Raſſure-toi, nous nous guérirons enſemble.

JEANNOT.

Eſt-ç' que je n'pourions me guérir de même avec Jeannette ? Vous li montrerez vos ſecrets,

Madame D'ORVILLE.

Oh ! non. Ecoute moi , Jeannot : je veux faire ta fortune. Quoique tu sois le fils d'un Fermier , tu es d'une famille honnête , & quand je t'aurai fait donner une éducation convenable , je t'épouserai. Je ne te guérirai qu'à cette condition ; y consens-tu ?

JEANNOT.

Tout comme il vous plaira , Madame , pourvû que je sois quitte de ce maudit tourment d'amour.

Madame D'ORVILLE.

Je vais parler à ton Pere à ce sujet. Prends courage, ton sort s'en ira comme il est venu.

SCENE XIII.

JEANNOT, JEANNETTE.

JEANNOT.

AH ! te voilà, Jeannette ; il y a bien des nouvelles, va.

JEANNETTE.

J'ons tout acouté. Ma Maraine est donc aussi ensorcelée ?

JEANNOT.

Dam' ce'n'est pas ma faute;elle dit qu'on s'ensorcelle sans le sçavoir ; par ainsi je n'te voulons plus d'mal.

JEANNETTE.

Ni moi non plus.

JEANNOT.

Tu n'avois pas dessein de m'tourmenter.

JEANNETTE.

Le mal que j'te veux m'arrive. Tout ce qui me fâche, c'est de t'voir souffrir.

JEANNOT.

Madame d'Orville & moi j'nous guérirons de compagnie.

JEANNETTE.

Et, qu'est-ce qui me guérira moi ?

JEANNOT.

Hé ! bien, essayons de nous guérir ensemble, il en arrivera tout ce qu'il pourra.

JEANNETTE.

C'est bien dit ; mais comment faut-il s'y prendre ?

JEANNOT.

Air : *Frapons fort.*

Regardons ces troupeaux,
C'est d'amour qu'ils bondissent ;
Ecoutons ces oiseaux,
C'est d'amour qu'ils gémissent.
Comme eux chantons,
Et sautons,
Pour qu'nos peines finissent.

ENSEMBLE.

Comme eux chantons & dansons,
Profitons d'leux l'çons.

JEANNOT.

Sçais-tu quelques chansons, Jeannette ?

JEANNETTE.

Oui, écoute, j'vais commencer.

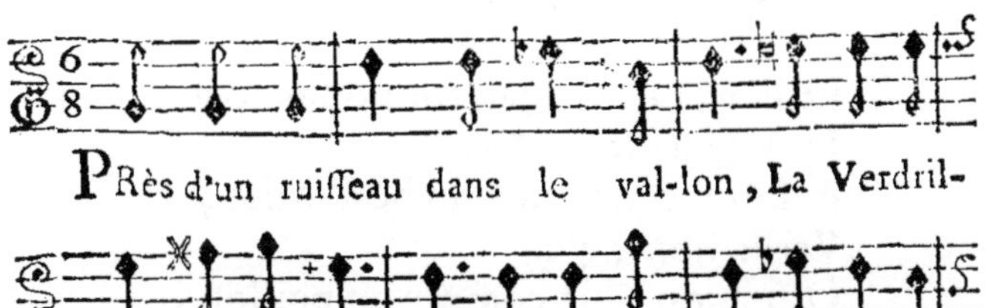

fil-le, Verdril- lon, verdrillet-te, ver- drille.

Qui vouloit prendre un pa- pil- lon, La Verdril-

lette, la verdri- lon.

Qui vouloit prendre un papillon,
La Verdrillon, &c.
La v'là qui court & qui sautille,
Verdrillon, &c.
Faisant voler son cotillon,
La Verdrillette, &c.

Faisant voler son cotillon,
La Verdrillon, &c.
Dans le jonc son pied s'entortille,
Verdrillon, &c.
Et la v'là dans l'eau tout d' son long,
La Verdrillette, &c.

Et la v'là dans l'eau tout d'son long,
La Verdrillon, &c.
A son secours vint un bon drille,
Verdrillon, &c.
Qui la r'pêchit comme un poisson,
La Verdrillette, &c.

Qui la r'pêchit comme un poiſſon,
La Verdrillon, &c.
Reconnoiſſante autant qu'gentille,
Verdrillon, &c.
El' l'en r'mercie à la maiſon,
La Verdrillette, &c.

Ça t'guerit-il Jeannot?

JEANNOT.

Non, Jeannette.

JEANNETTE.

Ni moi non plus.

JEANNOT.

Hé! bien; ſautons comme nos chevres, & courons l'un après l'autre.

(Ils ſautent, danſent & courent l'un après l'autre.)

JEANNETTE.

Ç'a t'guérit-il, Jeannot?

JEANNOT.

Non, Jeannette.

JEANNETTE.

Ni moi non plus.

JEANNOT.

Tiens, v'là des moutons qu dormont là-bas, c'eſt peut êtr' comm' ça qu'ils ſe guériſſent naturellement; eſſayons de dormir.

JEANNETTE.

Eſſayons.

JEANNOT.

Allons nous aſſeoir ſur ce gazon; toi d'un côté, moi d'l'autre.

JEANNETTE.

C'eſt bien dit : bon ſoir Jeannot.

JEANNETTE.

Bon ſoir, Jeannette.

JEANNOT.

Air : *L'Amour me fait lon lan la.*

Ah ! le maudit ramage
Qui trouble not' repos !
Mais voyez quel tapage
Font ces petits oiſeaux !
Laiſſez-nous donc dormir,
Nous voulons nous guérir.

JEANNOT.

Même air.

Ces moutons dans la plaine
Se battront-ils toujous ?
Vents, r'tenez votre haleine,
Cigales, taiſez-vous.
Laiſſez, &c.

DUO.

Comme eſt- ce que ton cœur
dis mot.
va ?
C'eſt même ſouf- fran- ce.
Je perds toute eſpe- rance.
Si j'appro-
Eh ! bien qu'eſt qu'ça f'ra ?
chions- là ?

Tien, Tout ça n'vaut rien, Quittons nous
vîte. Mon cœur pal- pi- te.
Quittons nous vî- te.
Le mien s'a- gi- te.
Hé-las! Jeannette, hé- las! Ne nous
r'butons

r'butons pas : Mets ta main dans la mienne.

Ah ! qu'à ça n'tien- ne.

Oh ! ta- ti-

dien- ne ! Mon cœur, mon cœur va le trot.

C'en est trop, Jeannot ; J'souffrons d'avan- tage.

Efforts su- per flus ! Je n'sais rien de plus : J'en-

ra- ge. Par la mor- dienne !

R'mets ta main dans la mienne. Ne t'en dé-

plai- se, faut que j'la bai- se.

Tian, bais'- la, si tu veux, Bais' les

tout' les deux.

L'tourment s'ap- pai- se.

Pre- nons cou- ra- ge.

Ah! ça m'sou-

la- ge. Oui, quand j'bais' ta main,

Je ſens ſou- dain Qu'mon mal s'ap- pai-
Moi ça m'fait plai- ſir. Je
ſe. C'eſt qu'j'allons guérir. Je
ris. - - - - -
ris. - - - - -
je ris, d'ai- ſe. Oui, ça m'fait plai-
je ris, d'ai- ſe,

JEANNETTE.

Écoute, Jeannot; v'là eun' drôle de maladie; au moins.

JEANNOT.

Ça m'fait songer à ç'que m'a dit ta Maraine. Un sort s'en va comme il est venu.

Lorsqu'ils sont prêts à s'embrasser, Guillaume paroît & les en empêche.

SCENE XIV. *& derniere.*

JEANNOT, JEANNETTE, GUILLAUME, Me. D'ORVILLE.

GUILLAUME.

AH ! ah ! tatigué, j'arrivons bien à propos.

Air : *Eh ! n'v'là-t'il pas que j'aime ?*

Morgué Jeannot n'est pas si sot.

Madame D'ORVILLE.

Comment donc !

JEANNETTE.

Ma Maraine,
J'voulions, en guérissant Jeannot,
Vous épargner ç'te peine.

Madame D'ORVILLE.

Vous êtes trop obligeante ! C'est un soin dont je veux bien me charger en l'épousant. Et vous Jeannette ;

Air : *Eh ! marions-nous donc.*

Pour chasser votre maladie,
Avec Guillaume on vous marie.

GUILLAUME.

Oui, c'est l'antidote qu'il faut,
Marions-nous au plutôt.

Madame D'ORVILLE.

L'acceptez-vous ?

JEANNETTE.

Oui, ma Maraine,
Pourvû que j'puisse après sans gêne,
Toujours voir Jeannot.

GUILLAUME.

En ce cas
Ne nous marions pas.

Madame D'ORVILLE.

Air : *Accompagné de plusieurs autres.*

Jeannot, moi qui t'aime si fort ! ...

JEANNOT

Je ne me plains plus de mon sort.

GUILLAUME *à Madame d'Orville.*

J'ons pris mon parti, prenez l'vôtre.

Madame D'ORVILLE *à Jeannot.*

Moi qui voulois te secourir !

JEANNOT *montrant Jeannette.*

J'aim' mieux avec elle en mourir,
Que d'en guérir avec une autre.

Madame D'ORVILLE.

C'en eſt fait, mes enfans, vous vous aimez de trop bonne foi, pour que je vous ſois contraire; c'eſt vous deux que je marie.

JEANNOT.

Air : *Près du Cours, un Fiacre habile.*

Que ferons-je en mariage ?

Madame D'ORVILLE.

Te voilà dans l'embarras.

GUILLAUME.

On n't'en dit pas davantage;
Mais bientôt tu t'inſtruiras,
Je m'l'imagine :
Ce que l'eſprit ne ſçait pas,
Le cœur le d'vine.

Madame D'ORVILLE.

Allons, que tous les garçons & les filles du Village ſe raſſemblent pour célébrer ici le mariage de Jeannot & de Jeannette.

QUATUOR.

Air : *Si Margoton avoit voulu.*

Tous ensemble.

JEANNOT & JEANNETTE.

Ma cher' Jeannette, } d'nos amours
Mon cher Jeannot, }
Rien ne pourra troubler le cours ;
Je t'aimerai toujours,
Oui toujours, toujours, toujours ;
Jamais de nos amours
Rien ne troublera le cours.

GUILLAUME.

Mes chers enfans, à vos amours
Guillaume laisse un libre cours.
(à part.) Ç'a n'dur'ra pas toujours,
La, la, la, la, la, la, la,
Ç'a n'dur'ra pas toujours ;
Les amours ont besoin d'secours.

Madame D'ORVILLE.

Mes enfans, que de vos amours
Rien ne puisse troubler le cours ;
Il faut s'aimer toujours.
Oui, toujours, toujours, toujours ;
Jamais de vos amours
Rien ne troublera le cours.

DIVERTISSEMENT.

Air : *Chantons les amours de Jeanne.*

Chantons Jeannot & Jeannette ;
Chantons Jeannette & Jeannot.
On n'eſt pas dupe , étant jeunette ;
Quand on eſt jeune on n'eſt pas ſot.
Chantons Jeannette ;
Chantons Jeannot.
Chantons les amours de Jeannot , Jeannette ;
Chantons à l'envi Jeannette & Jeannot.

FIN.

APPROBATION.

J'Ai lû par ordre de Monſeigneur le Chancelier, *Jeannot & Jeannette* , ou *les Enſorcelés* , & je crois que l'on peut en permettre l'impreſſion. A Paris , ce 5 Décembre 1757.

CRÉBILLON.

Le Privilége & l'Enregiſtrement ſe trouvent au nouveau Recueil de Pieces des Théâtres François & Italien.

Nouveau Catalogue d'Opera Comiques & autres Pieces de Théâtre.

De Monsieur & de Madame FAVART.

L'Amour au Village.
La Fête d'Amour, Comédie.
Les jeunes Mariés.
Les Nymphes de Diane, avec la Musique.
L'Amour impromptu, Parodie.
Le Mariage par escalade.
Cytere assiégée.
Jeannot & Jeannette, ou les Ensorcelés.
Les Amours de Bastien & Bastienne.
La Répétition interrompue, Opera-Comique.
La Fille mal gardée, Parodie.
Ninette à la Cour.
La Musique de Ninette, 4 parties.
La soirée des Boulevards.
La Musique de la soirée.

De M. VADE'.

La Fileuse, Parodie.
Le Poirier, Opéra Comique.
Le Bouquet du ROI.
Le Suffisant.
Les Troqueurs & le Rien, Parodie.
Airs Choisis des Troqueurs.
Le Trompeur trompé.
Il étoit tems, Parodie.
La nouvelle Bastienne.
Le Divertissement de la Fontaine de Jouvence.
Les Troyennes de Champagne.
Jerôme & Fanchonnette, Pastorale.
Les trois complimens.
Le Confident heureux.
Follette ou l'enfant gâté.
Nicaise, Opera Comique.
Les Racoleurs, Opera Comique.
L'Impromptu du cœur.
Le mauvais Plaisant, Opéra Comique.
La Canadienne, Comédie.
La Pipe cassée, Poëme.
Les Bouquets Poissards.
Les Lettres de la Grenouillere.
Œuvres posthumes, faisant le Tome quatriéme des Œuvres, contenant les Amans constans jusqu'au trépas, des Fables & Contes, des Chansons avec la musique, & divers morceaux de Poësies, &c.

De M. ANSEAUME.

Le Monde renversé.
Bertolde à la Ville, avec les Ariettes.
Le Chinois poli en France.
Les Amans trompés, Opéra Comique.
La fausse Aventuriere.
Le Peintre amoureux de son Modele.
Le Docteur Sangrado, Opéra Comique.
Le Medecin d'Amour.
Les Ariettes du Medecin d'Amour.

De M. L'AFFICHARD. *Opéra Comiques.*

Pigmalion, ou la Statue animée.
Le Fleuve Scamandre.
Les Effets du Hazard.
La Nymphe des Thuilleries.
L'Amour imprévu.

Comédies du même.

La Famille, Comédie.
Les Acteurs déplacés, Comédie.
Les Amans jaloux.

DE DIFFERENS AUTEURS.

L'Amante retrouvée, Opéra Comique.
Les quatre Mariannes, Opéra Comique.
Les Pelerins de la Méque, Opéra Comique.
La Magie inutile.
L'heureux Evenement.
Le Retour du Printems.

PIECES DE'TACHE'ES.

Le Tro, Parodie des Troqueurs avec la Musique, 3 l. 12 f.
Le Retour favorable.
La Rose ou les Fêtes de l'hymen.
Le Miroir Magique.
Le Rossignol, avec la Musique.
Le Dessert des Petits Soupers.
Le Calendrier des Vieillards.
La Coupe enchantée.

Les Filles, Opéra Comique.
Le Plaisir & l'Innocence.
Les Boulevards.
L'Ecole des Tuteurs.
Zéphire & Flore.
La Péruvienne.
Les Fra-Maçonnes.
L'impromptu des Harangeres.
La Bohémienne, Parodie, avec la Musique.
Le Diable à quatre, avec les Ariettes.
Les Amours Grenadiers.
La Guirlande.
Le Quartier Général, Opéra Comique.
Le Faux Dervis, Opéra Comique.
Le Nouvelliste, Opéra Comique.
Gilles, Garçon Peintre.
Le Magazin des Modernes.
L'heureux Déguisement.
Les Ariettes de l'heureux Déguisement.

L'Isle déserte, Comédie du Théâtre François.

Choix de Pieces plaisantes représentées sur differens Théâtres, in-8°.

Théâtre de Campagne.

Les deux Biscuits, Tragédie.
L'Eunuque, Parade.
Agathe, ou la chaste Princesse, Parade.
Syrop-au-cul, Tragédie.
Le Pot-de-Chambre cassé, Tragédie pour rire, &c.
Madame Engueule, Parade.

Théâtre Bourgeois. in-12.

Le Marchand de Londres, Tragédie Bourgeoise.
Momus Philosophe, Comédie.
L'Electre d'Euripide, Tragédie.
Abaillard & Héloïse, Piece Dramatique.
L'Orphelin, Tragédie Chinoise.
La Mahonnoise, Comédie.
La petite Sémiramis.
La Méchanceté, Parodie d'Astarbé.

CATALOGUE DES THÉATRES
Nouveaux ou nouvellement réimprimés. 1759.

ŒUvres de Piron, 3 vol. *in-12* belles figures, dont les desseins sont de M. Cochin. 9 l.
Théâtre édifiant ou Tragédies saintes de M. Duché. 2 l. 10 s.
Œvres de Boissi, *in-8°*. 9 vol. nouvelle édition, 36 l.
De Marivaux, Théâtre Franç. & Ital. *in* 12. 5 vol. 15 l.
Théâtre de M. Fagan, *in* 12. 4 vol. *sous presse*. 12 l.
Théâtre de M. de V***, *in-12*. 3 l.
Théâtre de la Grange, *in* 8. 3 l. 10 s.
De Romagnesi & Riccoboni, 1 vol. *in-8*. 4 l. 10 s.
D'Avice, *in-8*. 1 vol. 3 l. 10 s.
De Guyot de Merville, *in-8*. 1 vol. 4 l. 10 s.
De Pesselier, *in-8*. 1 vol. 4 l. 10 s.
Théâtre de l'Affichard, *in-8*. 1 vol. 4 l. 10 s.
Nouveau Théâtre de Favart, 3 vol. *in-8*. toutes les Musiques. 15 l.
Œuvres de Vadé, ou Recueil des Opera Comiques & Parodies, avec les airs notés, 4 vol. *in-8*. 20 l.
Nouveau Théâtre de la Foire ou Recueil de Pieces qui ont été représentées sur le Théâtre de l'Opera Comique depuis son rétablissement, 4 vol *in-8*. avec les airs notés. 20 l.
Nouveau Théâtre François & Italien, ou Recueil des meilleures Pieces de differens Auteurs, représentées depuis quelques années, 4 vol. *in-8*. 20 l.
Choix de nouvelles Pieces qui ont été représentées aux Théâtres François & Italien depuis quelques années, 6 vol. *in-12*. 18 l.
Le Théâtre d'Apostolo Zeno, traduit de l'Italien, 2 vol. *in-12*. 1758. 5 l.
Théâtre Bourgeois, ou Recueil de Pieces représentées sur des Théâtres particuliers, *in-12*. 3 l.
Théâtre de Campagne, ou les Débauches de l'Esprit, 1 vol. *in-8*. 4 l. 10 s.

Les Spectacles de Paris, ou Calendrier Historique & Chronolog. de tous les Théâtres, huitiéme Partie pour 1759. Chaque Partie se vend séparément 1 l. 4 s.

Catalogue de Musiques nouvelles relatives aux Pieces de Théâtres & autres.

L'Amusement des Dames, ou Recueil des Menuets, Contre-Danses, Vaudevilles, Rondes de Table, 10 parties, 1 vol. *in*-8. 12 l.

La Toilette de Vénus dressée par l'Amour, contenant des Menuets, Contre-Danses, Vaudevilles, 10 parties, 1 vol. *in*-8. 12 l.

Le passe-tems agréable & divertissant, Vaudevilles, Rondes de Table, Duo, Brunettes & autres, 10 parties, 1 vol *in*-3. 12 l.

Les Desserts des petits Soupers de Madame de ... 10 parties, 1 vol. *in*-8. 12 l.

L'Année Musicale, contenant un Recueil de jolis airs, parodies, en 20 part. formant 2 vol *in*-8. 24 l.

Les Thémiréïdes, ou Recueil d'Airs à Thémire, 3 parties, par M. l'Abbé de l'Attaignant. 3 l. 12 s.

Amusemens champêtres, ou les Aventures de Cythere, Chansons nouvelles à danser, 2 parties. 2 l. 8 s.

Recueils des Menuets, Contre-Danses & Vaudevilles chantés aux Comédies Françoise & Italienne, 13 parties. 15 l. 12 s.

Recueils d'Airs & Menuets, Contre-Danses, Parodies chantés sur les Théâtres de l'Académie Royale de Musique, & de l'Opera-Comique, 17 parties, chaque partie se vend séparément 1 l. 4 s.

Le Troc, Parodie des Troqueurs, avec toute la Musique. 3 l. 12 s.

Airs choisis des Troqueurs. 1 l. 4 s.

Ariettes du Medecin d'Amour. 2 l. 8 s.

Ariettes de l'heureux Déguisement. 2 l. 8 s.

Airs choisis de la Bohemienne. 1 l. 4 s.

La Musique de la Pipée. 1 l. 10 s.

Ariettes de Ninette à la Cour, 4 parties, 7 l. 4 s.

Musique de la soirée des Boulevards. 1 l. 4 s.

Menuets nouveaux en Concerto, Contre-Danses, 4 parties. 4 l. 16 s.

Les Loix de l'Amour, ou Recueil de differens Airs, 3 parties. 3 l. 12 s.

Cantatille nouvelle des Talens à la mode, de M de Boissi. 1 l. 4 s.

Choix de differens morceaux de Musique, 2 part 2 l. 8 s.

Cela forme 10 *volumes qui se vendent* 12 liv. *le volume, & le cahier* 24 sols; *le tout se vend separement.*

www.ingramcontent.com/pod-product-compliance
Ingram Content Group UK Ltd.
Pitfield, Milton Keynes, MK11 3LW, UK
UKHW020350180726
13839UKWH00003B/1009

9 782329 494982